DIAGRAMA DE VENN

De **RODOLFO VILLICANA**

www.math2kids.com

Una Lección de Matemáticas que através de un ingenioso cuento nos relata como las unidades por medio de un juego aprendieron a utilizar el Diagrama de Venn.
Con esta lección los niños aprenderán de una manera fácil y divertida qué es el diagrama de Venn y aprenderán también a utilizarlo. Incluye además actividades relacionados con el tema que podrán realizar los estudiantes después de leer el cuento.

Todas las *unidades* estabamos jugando a *vender y comprar* alimentos en el supermercado.

Pero teníamos toda la mercancía revuelta. Por lo que se nos dificultaba encontrar el producto que andábamos buscando.

La maestra Mily nos sugirió que clasificáramos o separáramos nuestra mercancía en 4 grupos: en frutas, verduras, cereales y en alimentos de origen animal. Así se nos haría más fácil encontrar todos los productos.

La maestra nos dio 4 aros de colores para hacer más fácil la clasificación.

Nos dijo que en el aro rojo colocáramos todos los alimentos de origen animal. En el aro verde todas las verduras. En el aro anaranjado todas las frutas y en el aro amarillo todas las semillas y cereales.

En el aro rojo, de los alimentos provenientes de los animales, colocamos: la carne, el pescado, el tocino, la leche, el queso, el yogurt, la crema, la mantequilla, el jamón, la pierna de puerco, el pollo, la salchicha, el pulpo, la langosta, los nugets de pollo, la pierna de pollo, el atún, el camarón, el ostión y el chorizo.

CREAM
yogu
HAM
TUNA

Mientras que en el aro de las frutas, colocamos: la naranja, la sandía, el limón, el melón, la manzana, la pera, el durazno, la fresa, el plátano, las uvas y el tomate.

¿ El tomate ? . Yo no estaba muy seguro. Así que le pregunté a la maestra que sí el tomate era una fruta.

Y Mily me contestó: "el tomate es una fruta en términos botánicos".

En el aro de las legumbres y verduras pusimos:
la papa, la lechuga, el ajo, el apio pepino, la
cebolla, la zanahoria y las espinacas.

Y por último, en el aro de los alimentos provenientes de semillas y cereales, colocamos: los frijoles, los chicharos, el arroz, el trigo, la avena, el maíz, los cacahuates, el pan y las tortillas.

¿ Cacahuates, pan y tortillas ?,   preguntó el número Dos. "Así es", dijo la maestra: "los cacahuates son semillas igual que los frijoles ". "Y las tortillas y el pan son alimentos que se producen con cereales.   Pues la tortilla se hace con maíz y el pan se hace con harina que proviene del trigo ".

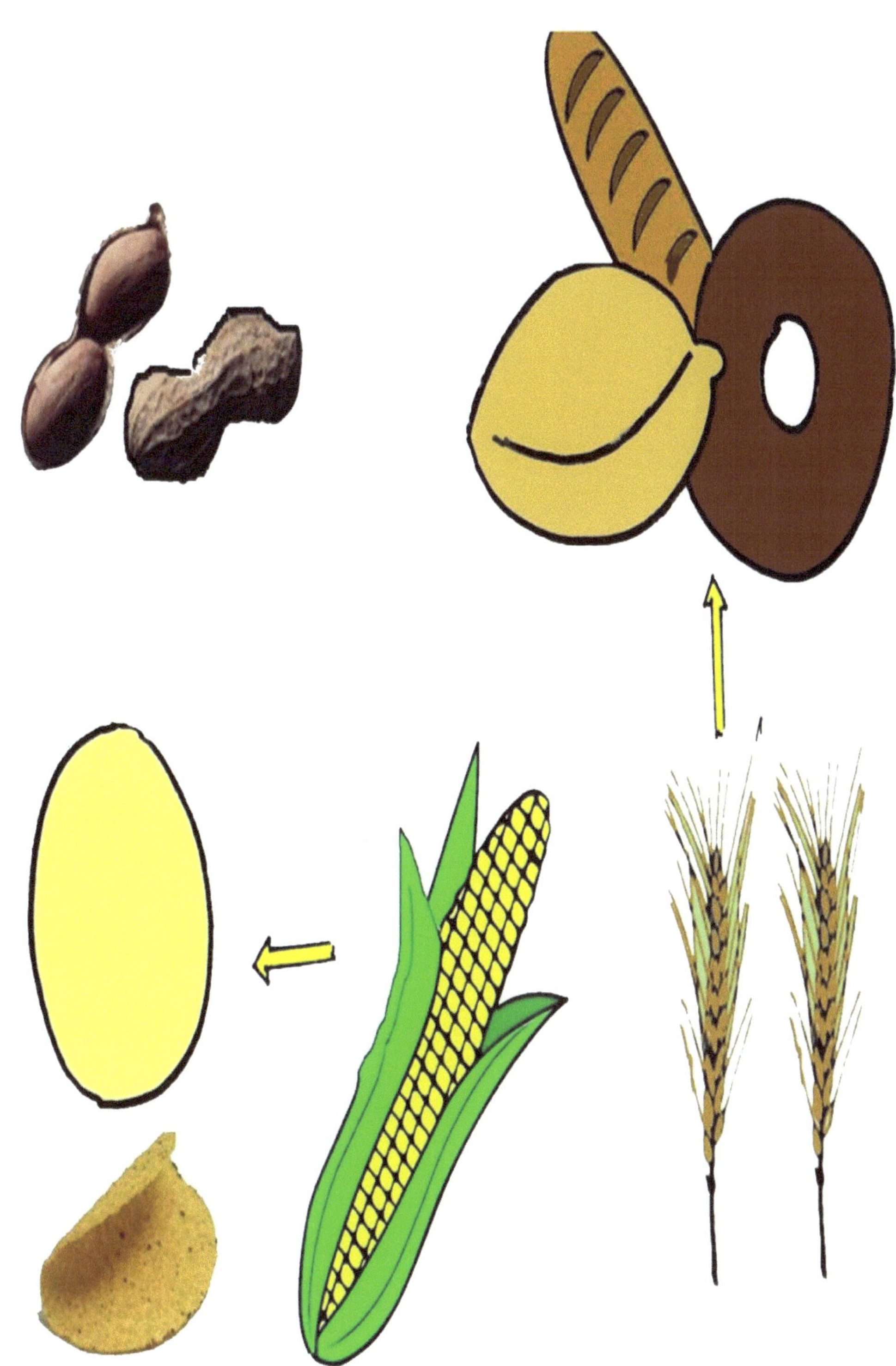

¿ Y en dónde colocamos esta hamburguesa ?.
 -   Preguntó la número Ocho.

Y Mily dijo: " usaremos un Diagrama de Venn, y pondremos la hamburguesa en la intersección de todos los aros ".

¿ Y qué es un diagrama de Venn ?, le preguntamos a Mily. Y ella nos contestó : " el Diagrama de Venn es una herramienta que nos ayuda a clasificar cosas que pertenecen al mismo tiempo a diferentes grupos o conjuntos. Y para que lo entiendan mejor se los voy a explicar con un ejemplo ".

venn diagram

Mily tomó 2 aros de colores y varios animales de juguete. Y clasificó los animales en 2 grupos: en animales que vuelan y en animales que nadan.

En el grupo de animales que vuelan colocó: una paloma, una mariposa y una mosca .

Y en el grupo de los animales que nadan colocó: un pescado, una tortuga y un pulpo.

VUELAN
NADAN

Luego, Mily tomó un pato de juguete y nos preguntó: " ¿ en dónde colocamos al pato, en el grupo de los animales que vuelan o en el grupo de los animales que nadan ?.   El pato vuela pero también   nada ".

Para resolver este problema, Mily nos sugirió que juntáramos un poco los aros, y que colocáramos al pato en la intersección de los 2 aros. Y de esta forma, el pato estaría en el grupo de los animales que vuelan y al mismo tiempo estaría en el grupo de los animales que nadan.

"A esta manera de clasificar una cosa que pertenece al mismo tiempo a 2 o más grupos se le conoce con el nombre de Diagrama de Venn ".

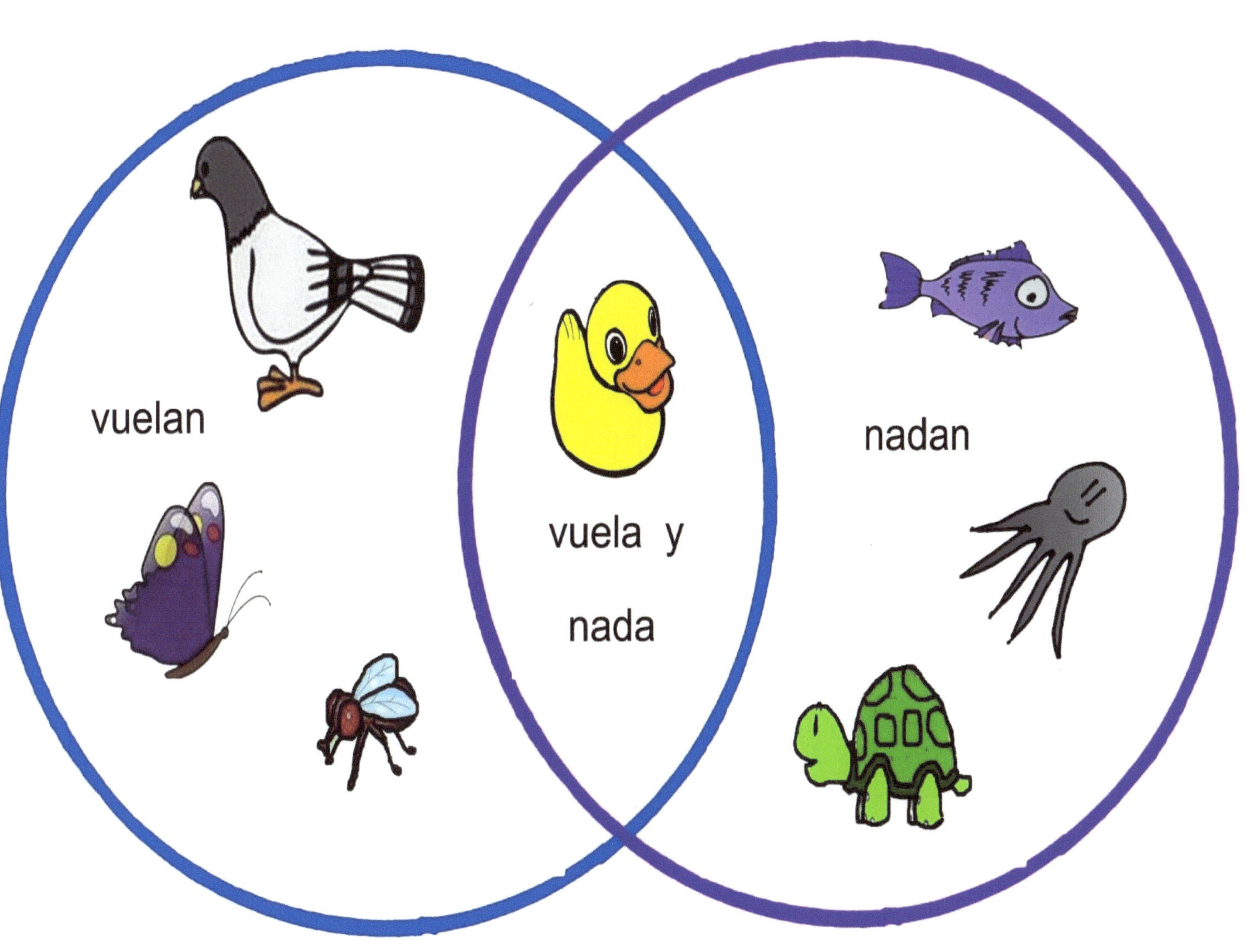

Diagrama de Venn

Luego Mily nos dijo: " la hamburguesa contiene cosas que provienen de diferentes grupos alimenticios.   Contiene carne, tocino y queso amarillo, que son de origen animal. También tiene cosas que provienen de los vegetales como: la lechuga, la cebolla y el pepinillo. Así mismo contiene pan que se produce con harina que proviene del trigo, que es un cereal. Y por último contiene tomate, que proviene de las frutas. Por lo que colocaremos a la hamburguesa en la intersección de los 4 aros.

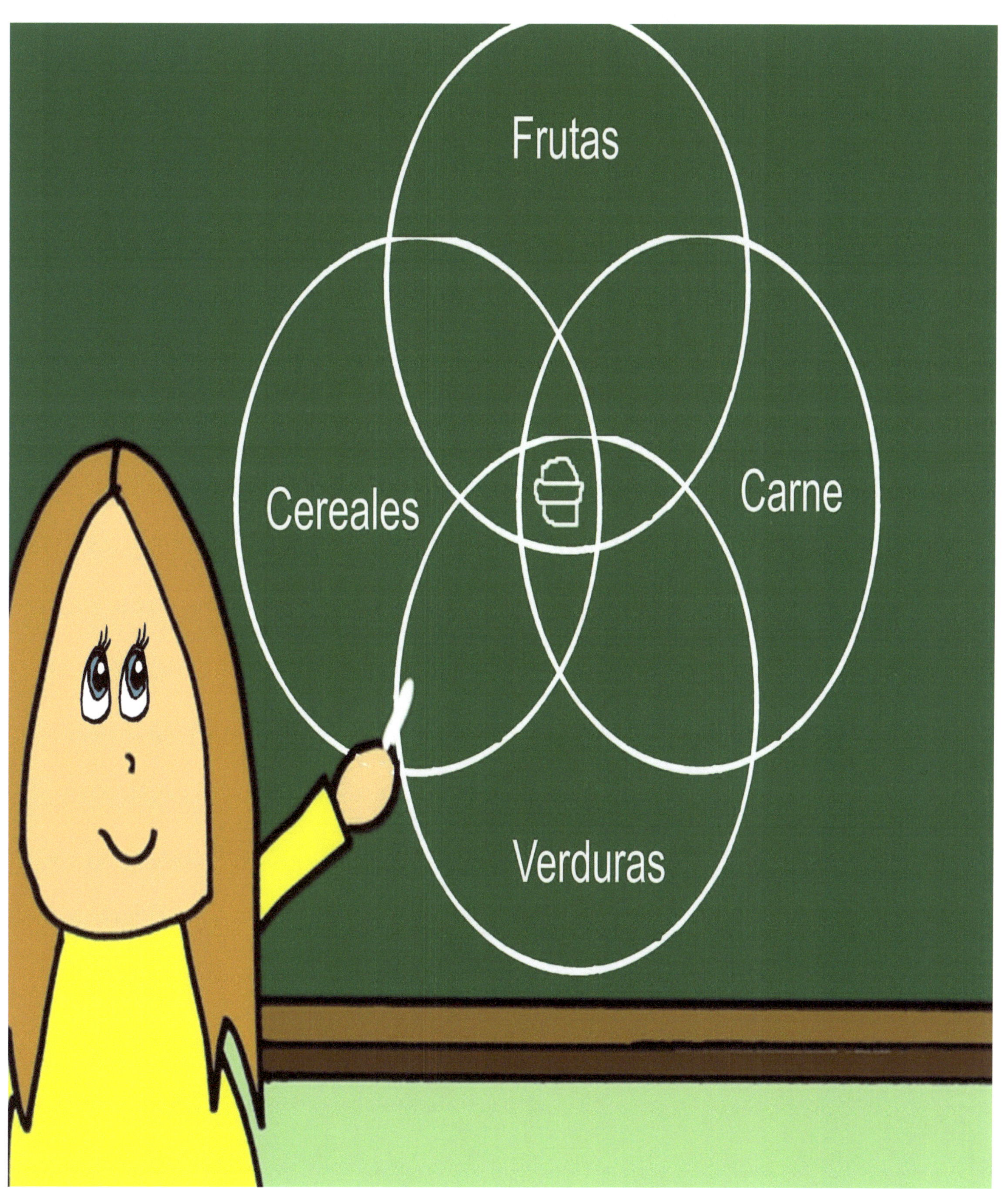

Frutas
Cereales
Carne
Verduras

y el número Dos dijo: " nunca pensé que una hamburguesa fuera tan complicada ".   Y todos los alumnos y la maestra nos reímos.

FIN

Frutas
Cereales
Carne
Verduras

Conceptos de Matemáticas

Clasificar .- se refiere a la acción de separar en grupos a los elementos que tienen las mismas características o que siguen un mismo fin.

Ordenar .- se refiere a la acción de poner en orden un conjunto de cosas de acuerdo a un criterio previamente establecido.

Conjunto.- Grupo de elementos que tienen las mismas características.

Los objetos que forman un conjunto son llamados **miembros o elementos.**

Diagrama de Venn.- Es una herramienta gráfica para clasificar o separar elementos que pertenecen al mismo tiempo a diferentes grupos con diferentes características en cada grupo.

John Venn, matemático británico del siglo XIX, creador del Diagrama de Venn, que los utilizamos para clasificar cosas que tienen las mimas características,pero que pertenecen a grupos diferentes.

Diagramas de Venn

Ideas de actividades para después de leer el cuento.

Actividad uno .

En una hoja en blanco, dibuja diferentes animales salvajes. Y en la parte de atrás de la hoja dibuja animales que viven en la granja.

Actividad dos.

 Recorta los animales que se encuentran en la siguiente hoja y después clasifícalos en : animales que nadan, animales que caminan y en animales que nadan y caminan. Utiliza el Diagrama de Venn para su clasificación.

Actividad Tres.

Utilizando el Diagrama de Venn que se muestra en la siguiente hoja compara las características o gustos tuyos con las de tu mejor amigo e indica en que cosas son iguales.

MI MEJOR AMIGO Y YO

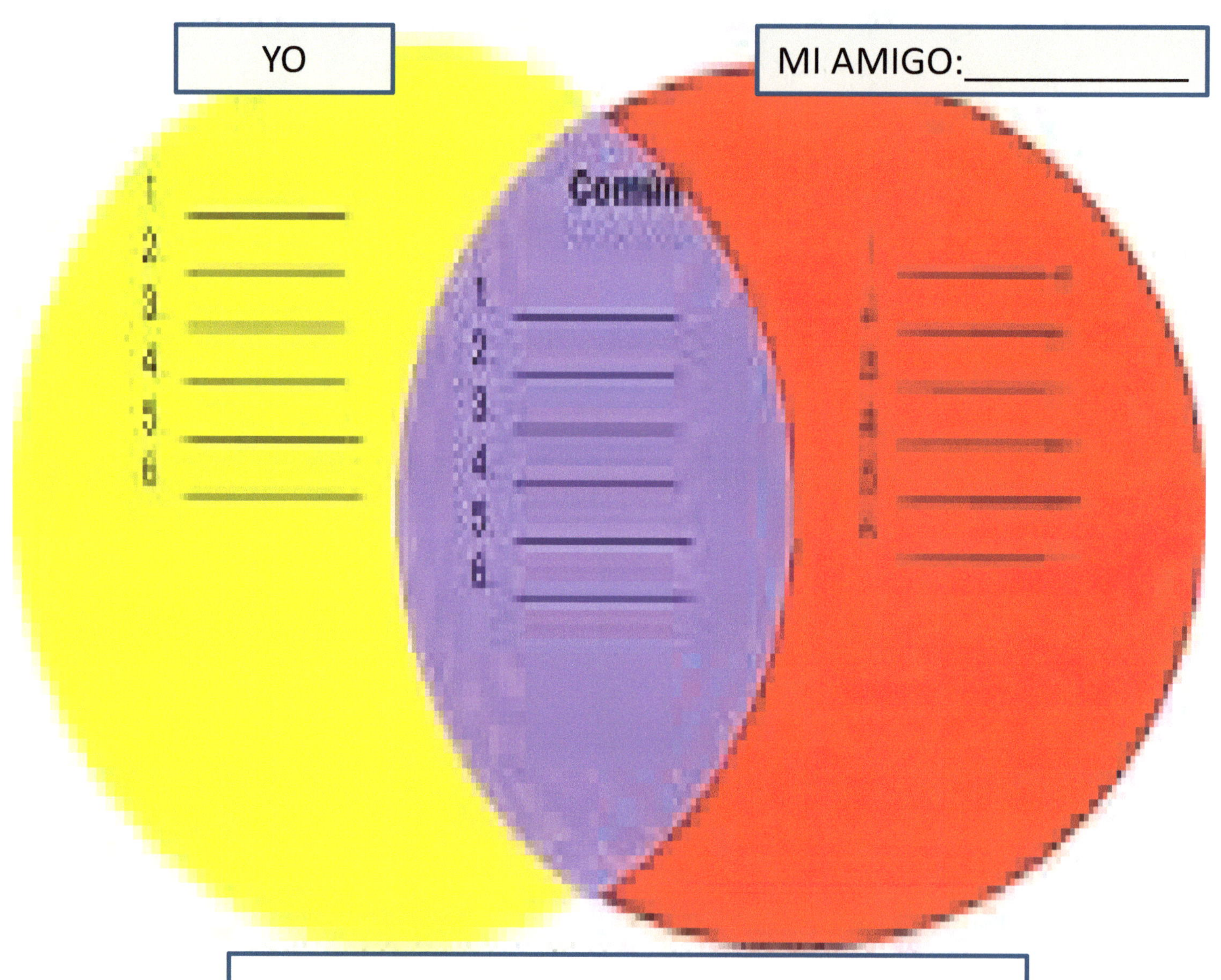

POR LAS COSAS COMUNES SOMOS AMIGOS

Otros cuentos de Matemáticas de la colección de **Math** 2 kids

www.math2kids.com

1.- Uno
2.- Luna llena
3.- Los 3 amigos
4.- Los 3 amigos brincan en la cama
5.- Los colores de la granja
6.- Los 3 amigos y el feroz borrador
7.- Los 3 amigos van a pescar
8.- La tropa
9.- Los 5 exploradores
10.- Vamos al parque de diversiones
11.- El primer día de escuela
12.- ¿ Y dónde está el hamster ?
13.- Los números van en orden
14.- El orden es importante
15.- ¿ Cómo se escribe mi nombre ?
16.- El día de tomarse la foto.
17.- Gráfica de barras
18.- El cumpleaños del número Uno
19.- Patrones de colores
20.- Nuestro amigo el Cero
21.- El mundo de las figuras
22.- El círculo es importante
23.- Invitemos a jugar a las figuras
24.- Un desfile de figuras
25.- Un mundo de colores
26.- Dibujando con figuras
27.- La Cerocienta
28.- El uno que es una decena
29.- Un viaje al país de las decenas
30.- El día 100 de la escuela
31.- Clasificando alimentos
32.- 1, 5, 10 y 25 centavos
33.- Los números juegan al reloj
34.- Más y Menos
35.- El signo Igual
36.- Apreniendo a sumar
37.- Sumando es mejor
38.- Mayor y menor que
39.- Nones contra pares
40.- Medidas
41.- Jugando a medir
42.- La fiesta de disfraces

43.- Los números van de paseo
44.- Para cambiar el autobús
45.- Jugando con el domino
46.- Jugando a la tiendita
47.- Dieznieves y los 7 enanos
48.- Cuando eran más altos
49.- Los 3 deseos de Pedro
50.- Un cuento de números
51.- El valor según su posición
52.- El poder del número 10
53.- Tabla mágica
54.- Los números romanos
55.- Dosperucita Roja
56.- Una carrera para contar
57.- La historia del calendario
58.- Las estaciones del año
59.- Como usar el calendario
60.- La historia del reloj
61.- El Cinco aprende a multiplicar
62.- Aprendiendo a usar el reloj
63.- ¿ Cómo se inventó el dinero ?
64.- Un centavo muy trabajador
65.- Un regalo inesperado
66.- Aprende a dividir de una manera
   divertida en una semana
67.- Multiplicando con manipulativos
68.- Cuento para multiplicar
69.- ¿ Y qué es el perímetro ?
70.- Fué un cuento medir ese terreno
71.- Cómo calcular cualquier área
72.- Un pastel para Milly
73.- El diagrama de Venn
74.- Las coordenadas de un cuento
75.- Las fracciones de un cuento
76.- Mitades, cuartos y octavos
77.- Sumando fracciones
78.- Un viaje inesperado
79.- El día que ganamos la lotería
80.- Es un juego de probabilidades
81.- Cómo multiplicar sí no te sabes las
   tablas de multiplicar.
82.- ¿ Y que operción tengo que usar ?

Nuevos cuentos en Amazon

www.ingramcontent.com/pod-product-compliance
Lightning Source LLC
Chambersburg PA
CBHW042059110726
48006CB00002B/449